CONCOURS OUVERT

PAR

LA LIGUE DU PARTI NATIONAL

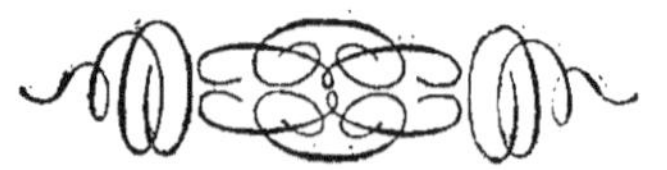

OLORON

IMPRIMERIE F. LAMPLE, 6, RUE POMONÉ.

CONCOURS OUVERT

PAR

LA LIGUE DU PARTI NATIONAL

OLORON

IMPRIMERIE F. LAMPLE, 6, RUE POMONE.

LE SUFFRAGE UNIVERSEL

I. — QUELLE EST LA MEILLEURE APPLICATION DU SUFFRAGE UNIVERSEL ?

Le suffrage universel est la déclaration que l'on fait de son sentiment, de sa volonté, par écrit, à l'occasion d'une élection. Le suffrage universel est la source de tous les pouvoirs et sa proclamation a inauguré une ère nouvelle, qui a substitué aux luttes de la rue l'arbitrage pacifique du bulletin de vote. Mais, pour que cette transformation de la force soit définitive, il faut que la souveraineté nationale trouve dans la loi destinée à règlementer son fonctionnement une formule assez large, assez équitable, assez pratique pour assurer la représentation de toutes les grandes forces sociales qui doivent prendre part au scrutin.

Un peuple n'est pas libre par cela seul qu'il possède des institutions libérales, il faut encore qu'il sache les mettre en œuvre. Pour que le suffrage universel soit pour le peuple une garantie véritable, une condition est essentielle : c'est que les électeurs connaissent leurs intérêts et veulent les faire triompher ; c'est qu'ils ne laissent pas capter leurs suffrages par des motifs étrangers à l'élection : c'est qu'ils ne regardent pas cet acte solennel comme une simple formalité ou tout au plus comme une affaire entre l'électeur et l'éligible ; c'est qu'ils n'oublient pas complètement les conséquences d'un mauvais choix ; c'est enfin que le peuple lui-même sache se servir des seuls moyens répressifs qui soient à sa disposition : la haine et le mépris pour ceux des électeurs qui le sacrifient par ignorance ou l'immolent à leur cupidité.

Les électeurs n'ont qu'un moyen de faire un choix raison-
nable, c'est de connaître d'abord l'objet général d'une
représentation nationale et ensuite de se faire une idée des
travaux auxquels devra se livrer la prochaine législature.
C'est, en effet, la nature du mandat qui doit fixer sur le choix
du mandataire.

Les contribuables, pour se livrer avec sécurité à tous les
modes d'activité qui sont du domaine de la vie privée, ont
besoin d'être administrés, jugés, protégés, défendus. C'est
l'objet du gouvernement. Le gouvernement est, au milieu de
la nation, un corps vivant, qui, comme tous les êtres organisés
tend avec force à accroître son bien-être et sa puissance, à
étendre indéfiniment sa sphère d'action. Livré à lui-même, il
franchit bientôt les limites qui circonscrivent sa mission ; il
augmente outre mesure le nombre et la richesse de ses
agents ; il n'administre plus, il exploite : il ne juge plus, il
persécute ou se venge ; il ne protège plus, il opprime.

Une application équitable du suffrage universel est le frein
aux empiètements de la force publique.

Le suffrage universel a le droit, a le pouvoir d'indiquer à
ses représentants sa volonté et de leur marquer le but à
atteindre. Ce qu'il faut chercher dans les programmes, c'est
quelle est la volonté du suffrage universel et de la nation. La
nation, les électeurs veulent être débarrassés de tous les
obstacles qui s'opposent à l'exercice plein, entier et complet
de la souveraineté nationale, ils veulent l'application absolue,
directe, complète des volontés du suffrage universel.

Sous le régime du suffrage universel, le véritable souverain
c'est la nation. Le véritable appel au peuple se fait par les
élections, où le peuple choisit des mandataires qui ne peuvent
pas outrepasser le mandat reçu. Les mandataires doivent tenir
compte du mandat qu'ils ont reçu du pays et borner leur
œuvre aux points sur lesquels les électeurs estiment qu'il y

a une réforme à introduire. Si les mandataires vont au-delà ils cessent de se conduire en délégués du souverain. Le peuple, quand il élit ses représentants, n'use pas de sa souveraineté pour s'en déssaisir. Point d'autorité qui n'émane de lui, qui ne s'exerce en son nom et qui ne soit limitée. La pire tyrannie serait la tyrannie d'une assemblée s'attribuant l'omnipotence, parce que le pouvoir y appartiendrait à tous et la responsabilité à personne. Une nation n'est maîtresse d'elle-même, qu'autant que ses libertés nécessaires sont reconnues au-dessus des atteintes de ses mandataires. Les électeurs n'ont pas seulement qualité pour dire quel est le but vers lequel ils tendent, ils ont qualité aussi pour dire, d'une façon générale, par quels moyens ils entendent que ce but soit atteint. Cette théorie a pour base l'esprit du suffrage universel.

Il est vrai de dire que la règlementation et la sincérité du suffrage universel se résument en une seule question, car de la bonne règlementation du suffrage universel découle tout naturellement la sincérité du vote. Cette question est d'une importance majeure et touche intimement à la vie même de la nation. Ceux qui se préoccupent de l'avenir de la patrie ne pourraient se plonger dans de plus profondes méditations.

ORGANISATION DES COMITÉS.

Les comités, que l'on organise aujourd'hui dans les centres départementaux, sont des comités directeurs qui assument la charge de faire réussir l'élection dans un certain sens; ils préparent les listes et l'opération de la préparation des élections consiste dans la réunion d'un congrès de délégués réunis au chef-lieu du département, congrès dont rien ne détermine le mode de composition. La liste acceptée est trammise aux électeurs. Les programmes sont l'œuvre exclusif des comités, ils s'adaptent à des candidatures disparates et se maintiennent dans des généralités qui ne constituent aucun engagement sérieux. C'est aux comités centraux que l'élu doit rendre compte de son mandat. Avec l'intervention des comités ainsi organisés, tout est fini lorsqu'il a statué. Plus de vie politique, plus de discussions, plus de programmes ! On jette ainsi le corps électoral dans une profonde atonie, on le désintéresse des élections, on voit augmenter sans cesse la proportion des abstentions et on constate à chaque élection nouvelle que le corps électoral reste de plus en plus à l'écart. La confection des listes passe au-dessus de la tête de l'électeur, et celui-ci ne connaît les listes que le jour où elles lui sont apportées toutes faites, avec injonction de les accepter ou de les repousser. La personnalité de l'électeur disparaît ainsi, il est obligé d'accepter, les yeux fermés, sous la forme d'une liste ou d'une autre, la volonté d'autrui. Il résulte de cet état de choses un fléau politique redoutable : l'abstention. Pour un gouvernement, il y a une chose plus dangereuse que l'hostilité des adversaires, c'est l'indifférence, c'est la désertion des électeurs.

Un comité central, dont tous les membres auraient pris racine dans le département, et qui serait élu par les suffrages des comités cantonnaux serait la représentation exacte du corps électoral. Les comités cantonnaux répandus sur toute la surface du département et en contact avec l'électeur sont à même d'apprécier les sentiments, les opinions et les intérêts de leurs compatriotes. Il n'y aura pas d'inconnu dans cette organisation, le candidat et l'électeur seront, pour ainsi dire, en communication directe. Lorsqu'il s'agira de discuter les programmes ou de faire le choix des candidats, les comités cantonnaux pourront déléguer un ou deux de leurs membres ou se transporter en corps au chef-lieu du département pour délibérer avec le comité central. Chacun des membres des comités cantonnaux pourrait ensuite faire connaître dans son canton les programmes des candidats, soit par des conversations particulières, soit par des réunions publiques. Enfin, chacun des candidats admis sur la liste devra, pendant la période électorale, convoquer en réunion publique, au chef-lieu de chaque arrondissement, les électeurs de la circonscription, pour leurs exposer un résumé précis de son programme et répondre aux objections qui lui seront présentées.

Cette organisation ne serait pas de nature à exercer une influence fâcheuse sur le choix d'un candidat.

LE SECRET DU VOTE.

Il est écrit dans la loi : Le vote doit être secret. Le secret du vote est-il sauvegardé par le mode actuel de votation ? En édictant le secret du vote sans édicter les moyens pour qu'il le soit, le législateur s'est montré aveugle et imprévoyant. Il y a là, en effet, une contradiction flagrante. Quand un électeur ne sait ni lire ni écrire, n'est-il pas obligé de recourir à un voisin pour écrire son bulletin ? Et quand le voisin écrit son bulletin, ne sait-il pas pour qui il vote et, dans ce cas, que devient le secret du vote ? De même, quand on ne sait pas lire, on reçoit un bulletin de la main d'un tiers. Qui peut dire que ce bulletin ne contient pas un nom différent de celui qu'on préfère, et, dans ce cas, que devient la sincérité du vote ? La conclusion naturelle d'une telle contradiction, c'est l'exception du droit de vote pour tout individu qui ne sait ni lire ni écrire, et qui, par cette raison, ne peut voter ni secrètement ni sincèrement. Supposons, pour un moment, que sur dix millions d'électeurs, il y en ait cinq millions et demi qui soient dans ce cas. Pourra-t-on dire que le suffrage universel ainsi pratiqué est la manifestation infaillible de la volonté populaire? On conviendra au contraire, que son application serait le pire des mensonges, la plus dangereuse des folies. Les intérêts matériels, la vie morale, l'avenir d'un pays remis à la discrétion de cinq millions et demi d'imbéciles, n'est-ce pas une anomalie étrange, une monstruosité ? !

II. — Le suffrage universel doit-il être obligatoire ?

Le vote est un des droits du citoyen, or tout droit se double d'un devoir. Le citoyen qui a le droit d'intervenir par son bulletin dans les affaires de son pays a par cela même le devoir de ne pas s'en désintéresser. Mais ce devoir n'a pas de sanction et par cela même tout citoyen peut y manquer impunément. Le service militaire est aussi un droit qui se double d'un devoir mais ce devoir a une sanction : l'obligation. Pourquoi n'appliquerait-on pas cette même sanction au devoir de voter ? Déserter la lutte électorale, comme citoyen, est aussi grave et peut-être plus que de déserter le champ de bataille, comme soldat. D'un côté comme de l'autre, on peut compromettre l'avenir de la patrie. Il faut donc que le devoir de voter reçoive la même sanction : l'obligation. Il faut aussi que la loi déclare mauvais citoyens ceux qui par égoïsme ou par paresse et sans raisons sérieuses ne remplissent pas leur devoir d'électeur ; mais, comme la pénalité doit être empruntée au même ordre d'idées que la faute, elle pourrait consister en une suspension, ou même, après récidive, en une privation des droits civiques. En formulant une loi dans ce sens, de telle sorte qu'elle n'offre pas une arme aux partis, on ramènerait une grande partie des abstentionistes. Ce ne sont pas les violents qui s'abstiennent, le jour où on forcera à parler les silencieux du vote, ils parleront dans le sens de la politique modérée.

III. — Quel est le meilleur moyen d'assurer la sincérité du suffrage universel ?

Représentation des minorités.

Tous les hommes d'État qui se sont occupés de la règlementation du suffrage universel ont reconnu, que pour fonder la liberté politique, il fallait faire la part des minorités. Les minorités ont le droit d'obtenir une représentation proportionnelle à l'importance de la nuance d'opinion qu'elles représentent. La conception du suffrage universel implique la pensée de la soumission aux décisions de la majorité, mais à une condition, c'est que la minorité soit admise à formuler ses propositions et ses objections. « L'idée pure de la démocratie, c'est le gouvernement de tout le peuple par tout le peuple également représenté. La démocratie, telle qu'on la conçoit et qu'on la pratique aujourd'hui, c'est le gouvernement de tout le peuple par une simple majorité du peuple exclusivement représentée. Dans le premier sens, le mot démocratie est synonyme d'égalité pour tous les citoyens ; dans le second sens, il signifie un gouvernement de privilège en faveur de la majorité numérique, qui, par le fait, est seule à posséder une voix dans l'état. C'est la conséquence inévitable de la manière dont on recueille aujourd'hui les votes, à la complète exclusion des minorités. » (*John-Stuart-Mill.*)

Méconnaître cette idée serait, non seulement, la violation de toute justice sociale, mais aussi, la violation du principe même de la démocratie qui proclame l'égalité des droits comme étant sa racine et son fondement, ce serait aussi arrêter dans leur développement et dans leur manifestation bien des idées de réformes et de progrès, car les minorités ne représentent pas seulement l'erreur qui s'en va, elles représentent aussi la vérité qui arrive. « La vraie solution doit être cherchée dans la représentation équitable des minorités, dans ce que j'appellerai la vérité du vote. D'abord, il n'y a pas d'autre remède au mal croissant de l'abstention. Quand on se sait battu d'avance, on a peu de disposition à se déranger pour aller chercher une défaite. Il n'y a pas non plus d'autre remède au mal des révolutions périodiques, parce que les minorités désespérant du scrutin finissent par recourir aux armes. Enfin, la représentation équitable des minorités donnerait aux lois une nouvelle force, augmenterait la dignité de l'électeur,

rendrait hommage à son droit et créerait en France l
souveraineté populaire, que nous croyons posséder et qui
nous échappe. » (*Jules Simon*).

Les législateurs ont omis, pour la plupart, d'établir l'exercice
des droits électoraux sur cette base fondamentale : la Justice.
Seules, les majorités éphémères sont aujourd'hui représentées,
tandis que d'imposantes minorités, qui constituent parfois la
grande partie du corps électoral, sont exclues arbitrairement
de la direction des affaires. Par une étrange fiction, elles sont
censées représentées par ceux-là même dont elle repoussent
les idées et dont l'administration lèsera, sans nul doute, leurs
intérêts les plus chers.

La représentation proportionnelle des partis, telle est la
vraie formule du progrès électoral. Partisans du suffrage
universel, tous doivent s'y rallier, parce qu'elle est la vérité
en matière de droit politique, et qu'en dehors d'elle, il n'y a
qu'arbitraire, injustice, écrasement des minorités.

« Du système représentatif, nous avons le mot et l'idée,
mais la chose nous fait défaut. » (*Ernest Naville*).

Incompatibilités parlementaires.

Est-il bon de faire briller aux yeux des représentants les
hautes situations politiques ? Le ministère doit-il se recruter
dans la chambre ? Respect au suffrage universel ! Ceux qu'il
fait représentants doivent rester représentants. Les mandataires du peuple ne doivent pas trahir la confiance dont ils
ont été investis, ils ne doivent pas vendre pour une place leurs
votes et les intérêts de leurs commettants. L'admissibilité des
députés au ministère est une cause de trouble et d'instabilité
et rien n'est plus propre à fausser les ressorts du régime
représentatif.

Avant d'aller plus loin, citons l'éminent économiste Frédéric
Bastiat le propagateur ardent de cette doctrine : « Un des

prédécesseurs de M. le Préfet actuel des Landes me fit un jour l'honneur de me visiter, les élections approchaient et la conversation tomba naturellement sur l'admissibilité des députés au ministère. M. le Préfet s'étonnait que j'osasse professer une doctrine qui lui paraissait exorbitamment rigide, impraticable, etc...

Je lui dis : Je pense, monsieur le Préfet, que vous rendrez cette justice au conseil général des Landes, que vous y avez rencontré un grand esprit d'indépendance, mais jamais une opposition personnelle et systématique. Les mesures que vous proposez y sont examinées en elles-mêmes. Chaque membre vote pour ou contre, selon qu'il les juge bonnes ou mauvaises, chacun consulte l'intérêt général, tel qu'il le comprend, peut-être l'intérêt local, peut-être même l'intérêt personnel, mais il n'en est aucun que l'on puisse soupçonner de repousser une proposition émanée de vous, uniquement parce qu'elle émane de vous.

Jamais, dit M. le Préfet, la pensée ne m'est venue qu'il en pût être ainsi.

Eh bien, je suppose que l'on introduise dans la loi qui organise ces conseils une disposition conçue en ces termes :

Si une mesure proposée par le Préfet est repoussée, il sera destitué. Celui des membres du conseil qui aura soulevé l'opposition sera nommé Préfet à sa place et il pourra distribuer à ses compagnons de fortune toutes les grandes places du département : recette générale, direction des contributions directes et indirectes,... etc.

Je vous le demande, n'est-il pas probable, n'est-il pas même certain que cet article changerait complètement l'esprit du conseil? N'est-il pas certain que cette salle où règne aujourd'hui l'indépendance et l'impartialité serait convertie en une arène de brigues et de factions ? N'est-il pas à croire que l'ambition y serait fomentée en proportion de l'aliment qui lui serait offert ?

Et, quelque bonne opinion que vous ayez de la vertu des conseillers, pensez-vous qu'elle ne succomberait pas à cette épreuve ? Ne serait-il pas, en tous cas, imprudent de tenter cette dangereuse expérience ? Peut-on douter que chacune de vos propositions ne devint le champ de bataille d'une lutte de personnes ? Qu'on ne les étudierait plus dans leur rapport avec le bien public, mais au seul point de vue des chances qu'elles pourraient ouvrir aux partis ? Et maintenant, admettez qu'il y a dans le département des journaux. Certes, les armées belligérantes ne manqueront pas de les attacher à leur sort, et toute leur polémique s'empreindrait des passions qui agiteront le conseil. Et quand viendra le jour de l'élection, la corruption et l'intrigue, surexcitées par l'ardeur de l'attaque et de la défense, ne connaîtront plus de bornes.

J'avoue, me dit M. le Préfet, que, sous un tel état de choses, je ne voudrais pas garder mes fonctions, même vingt-quatre heures. »

Quelle différence y a t-il entre cette constitution fictive des conseils généraux et la constitution réelle de la chambre ? Une seule. L'arène est plus vaste, le théâtre plus élevé, le champ de bataille plus étendu, l'aliment des passions plus excitant, le prix de la lutte plus convoité, les questions qui servent de texte ou de prétexte au combat sont plus brûlantes, plus difficiles, et partant, plus propres à égarer le sentiment et le jugement de la multitude. C'est le désordre organisé sur le même modèle, mais sur une plus grande échelle.

Si les ministres étaient, en face des députés, ce que sont les Préfets, en présence des conseillers généraux ; si la loi supprimait dans la chambre ces perspectives qui fomentent l'ambition, une paisible et fructueuse destinée serait ouverte à tous les organes du corps social.

Le scrutin de liste et le scrutin d'arrondissement.

IV. — Lequel vaut le mieux du scrutin de liste ou du scrutin d'arrondissement ?

La prévoyance doit être le caractère d'une loi électorale qui doit avoir pour but d'éloigner les crises et les commotions et ne pas les provoquer imprudemment.

Quand un régime politique n'est pas encore profondément enraciné dans une nation, il est de stricte nécessité de ne pas appliquer un système, qui a pour effet de déssiner en bloc, par masses imposantes, l'opposition que peut soulever çà et là le nouveau régime politique. Avec le scrutin uninominal par arrondissement, à peine quelques départements ont-ils une représentation homogène hostile à la République. Il y a presque toujours un ou deux mandataires qui tranchent sur le fond, parce qu'ils représentent des centres, des groupes de population d'un esprit plus ou moins avancé, et de cette façon, chacun des élus marque avec assez d'exactitude l'heure qu'il est au cadran politique de sa circonscription. Mais avec le scrutin de liste, qui prend pour base électorale un terrain quatre ou cinq fois plus vaste, les minorités sont à peu près sûres de disparaître, ce qui n'est pas un résultat enviable.

Un régime politique, quel qu'il soit, est mal inspiré, quand, au lieu d'isoler et de fragmenter l'opposition ou les oppositions qui le combattent, il en rapproche les éléments. Quand il agrandit la plateforme de ces oppositions, quand, au lieu de balancer l'un par l'autre les courants politiques, il les rassemble dans le même lit, il triple, il quadruple leur force et leur homogénéité. Avec quinze ou seize départements contigus, sans solution de continuité, qui vont se pénétrer et s'agglomérer, on fait sur la carte de France une large tache qui tranche avec le reste du pays. Au lieu de petits îlots clairsemés sur une grande nappe, en rapprochant ces îlots, en les soudant l'un à l'autre, on forme une sorte de continent politique qui devient la citadelle, la place d'armes ou le vaste camp retranché d'une opposition redoutable. On risque ainsi de faire une petite France dans la grande, et avec cet antagonisme palpable et flagrant, on crée un foyer de discorde au sein de la patrie. En installant ce mécanisme fatal, on franchit la première étape qui conduit un pays à la guerre civile. Il y a dans chaque département des contingents acquis à l'idée républicaine, le scrutin de liste les dissout et les noie dans des représentations homogènes acquises à l'opposition monarchiste.

Est-il vrai que le scrutin de liste est le véritable principe de la législation républicaine et qu'il est seul conforme aux traditions ininterrompues et aux doctrines invariables de la démocratie ? Il n'est pas exact que le scrutin de liste avec le suffrage direct soit dans la tradition républicaine. Ce mode de votation n'a jamais été pratiqué dans la première République, et, ni l'assemblée nationale, ni l'assemblée législative n'ont été élues au scrutin de liste par le suffrage direct. On ne trouve pas la justification de l'ancienne tradition du scrutin de liste dans le mécanisme bizarre imaginé par la constitution de 1791. La représentation nationale était alors composée de 743 députés, dont 249 attachés à la population, 247 attachés au territoire et 247 attachés à la contribution directe. C'était bien le scrutin de liste départemental qui avait été adopté par cette constitution, mais par quels moyens se pratiquait-il ? Il se pratiquait par l'élection à deux degrés, des citoyens actifs nommaient un certain nombre d'électeurs et ces électeurs choisissaient, dans ces élections étranges, les députés. Tout cela, sous l'égide d'un cens électoral, qui était imposé aussi bien aux citoyens actifs qu'aux délégués. Ce n'est donc pas là que se trouve la source, la tradition, l'origine du scrutin de liste départemental avec le suffrage direct.

Au contraire, on pourrait indiquer comme tradition au scrutin uninominal les résolutions et les principes que la Convention avait consacrés. Dans la constitution de 1793, cette assemblée abolit d'une manière formelle le scrutin de liste à deux degrés ainsi que tout cens électoral. Elle déclara qu'il y aurait désormais un seul député par agglomération de 40.000 habitants, et que ce député serait nommé directement par le suffrage universel. Voilà, la véritable tradition républicaine en matière d'élections.

C'est dans la constitution de l'an III que la décision prise par la Convention fût complètement renversée. La constitution de l'an III, édifiée après le 9 thermidor et en pleine réaction, rétablit le scrutin de liste avec ses corrélatifs, le suffrage à deux degrés et le cens électoral, même pour les membres des assemblées primaires.

Il est donc bien constant que la véritable tradition, en cette matière, est en faveur du scrutin uninominal, et, qu'il se recommande de la convention. Quant à la tradition du scrutin départemental au scrutin de liste, avec nomination par le suffrage universel direct, elle n'existe nulle part dans les annales de la première révolution. Les suites de la constitution de l'an III fûrent déplorables. Les élections fûrent réactionnaires et le parti royaliste s'empara du pouvoir, le 18 fructidor fût impuissant à rétablir la prédominance républicaine, et enfin, le terme final et fatal de cette évolution fût le 18 brumaire ! Telle est la véritable filiation du scrutin de liste, qu'on appelle à tort la théorie et le principe du parti républicain.

Le suffrage universel direct ne date que de 1848 et a été appliqué à l'élection des députés quatre fois avec le scrutin de liste, en 1848, 1849, 1871 et 1885 et trois fois avec le scrutin d'arrondissement, en 1876, 1877 et 1881. Le résultat des élections qui ont été faites en 1848 en 1849, en 1871 et en 1885, par le suffrage départemental direct, ne justifient pas la préférence que certains veulent donner au scrutin de liste. Aux élections de 1848, on a eu une chambre républicaine animée d'excellentes intentions, mais la contradiction qui se manifestait, entre les théories qu'elle émettait et les mesures qu'elle adoptait, a soulevé la plus formidable, la plus douloureuse guerre sociale qu'on ait jamais vue en France, la guerre de Juin. Par la direction regrettable qu'elle a donnée ou qu'elle a laissée prendre à l'opinion publique, on a vu, aux élections du 10 Décembre 1819, un prétendant issu d'une famille qui avait régné sur la France, venir prendre possession du siège de Président de la République. Il supprima trois millions d'électeurs et assura la perpétration et la réussite du coup d'état, qui fût effectué par celui qui se proclama le restaurateur du suffrage universel.

L'assemblée de 1871 fût, elle aussi, nommée par le scrutin de liste au suffrage direct. Son élection fût un véritable plébiscite sur la question de guerre, et les populations, auxquelles on présentait des listes de noms qui étaient absolument inconnus pour la plupart, ne cherchaient pas à en connaître la signification politique, ne demandant aux candidats qu'une chose : êtes-vous partisan de la paix ou partisan de la guerre ? Quels fûrent les résultats des élections de 1871 ! La chambre donna des inquiétudes à l'opinion publique par ses tendances monarchiques, elle eût une grande part de responsabilité dans le soulèvement de la commune et se montra impitoyable dans les répressions qui ont suivi cette sanglante insurrection. Enfin, au lieu de déposer ses pouvoirs après l'évacuation du territoire, elle les a retenus sans droit et a doté la France de cette constitution qui a créé des embarras inextricables à la République.

Les élections des députés faites encore au scrutin de liste le 4 octobre 1885 et l'assemblée issue de la regrettable quatrième expérience de ce système de votation ont encore démontré que ce mode de scrutin renferme des surprises désagréables, favorise les oppositions et rend impossible la formation d'une majorité parlementaire. Il ne faut pas oublier qu'à ces élections, sur sept millions et demi de votants, trois millions cinq cent mille environ ont voté contre la direction donnée aux affaires publiques. Cependant dans ce chiffre énorme d'opposition, toutes les voix n'étaient pas hostiles aux institutions républicaines, mais elles infligeaient un blâme aux républicains sur la façon dont ils comprenaient l'exercice du pouvoir. Il y a eu dans cette manifestation imposante un avertissement sérieux, car un déplacement de deux cent à trois cent mille voix suffirait à changer l'axe du gouvernement.

C'est ainsi que la chambre nommée en 1885, au lieu de travailler à la stabilité gouvernementale et de soutenir les ministères dans leurs œuvres de réformes et d'économies, n'a rien fait de ce qu'on attendait d'elle. Le parti radical n'a eu qu'un but, éliminer du pouvoir le parti républicain modéré et le parti modéré, isolé par l'appui honteux que la droite a prêté au parti radical, s'est trouvé réduit à l'impuissance. Il en résulte, entre les deux principaux groupes du parti républicain, une division profonde. On ne peut rien attendre de cette chambre qui s'est montrée usée et impuissante dès le premier jour. Telle est la situation.

A la droite on peut reprocher son opposition systématique pour un régime qui certainement a commis des fautes, mais qui prenant la France mutilée et agonisante, après des désastres sans nom, lui a rendu son crédit, son armée et son autorité morale en Europe. On peut lui reprocher ses rêves de restauration monarchique, quand cette restauration ne se réaliserait qu'à l'aide de la guerre civile ou à la suite de convulsions intestines.

Au parti radical on peut lui reprocher son ignorance des besoins de la société actuelle, ses tendances au jacobinisme, ses alliances avec le parti révolutionnaire qui décore du beau nom de réformes l'esprit brouillon qui l'anime et qui introduit dans les mœurs politiques un dissolvant incompatible avec tout gouvernement régulier. Ces vérités distribuées à droite et à gauche, il devrait en sortir une leçon qui fortifierait la République, une lumière qui affermirait sa marche et éclairerait son lendemain.

Voilà, quand on examine la tradition et l'origine du scrutin de liste, ce qu'on trouve dans les actes des assemblées qui ont été nommées par ce mode de scrutin.

Examinons maintenant quels ont été les résultats du scrutin uninominal par arrondissement. Il a fonctionné pour la première fois en 1876 et a produit une chambre composée d'une majorité républicaine, au sein de laquelle se recrutèrent les 363, qui, par leurs protestations énergiques, parvinrent à déjouer les complots ourdis contre la République et à sauver nos institutions menacées par une coalition de ses ennemis. En 1877, cette chambre est dissoute, et la nation consultée de nouveau est appelée encore à voter par scrutin uninominal par arrondissement. Malgré la pression administrative la plus violente, bien qu'on eût eu recours aux procédés les plus odieux de la candidature officielle sous l'empire, les élections faites par le scrutin uninominal par arrondissement ont renvoyé à la chambre à peu près les 363 escortés d'un grand nombres d'autres républicains. Après les élections de 1877, la majorité républicaine à la chambre des députés se trouvait élevée à 400 membres environ. En 1881, les élections ont encore été faites par le scrutin uninominal par arrondissement et ont donné une majorité tellement nombreuse, que les partis hostiles à la République ont été réduits à une minorité absolument impuissante.

Mais le scrutin uninominal par arrondissement n'a pas eu

seulement pour résultat d'envoyer à la chambre des députés une majorité républicaine, il a fait davantage, il a produit un résultat considérable dont on ne lui tient pas assez compte ; il a transformé le Sénat en y envoyant également une majorité républicaine. Cette transformation s'est faite naturellement. Chaque député devenant électeur, plus le nombre des députés républicains augmentait, plus le nombre des électeurs sénatoriaux républicains augmentait aussi. Les députés républicains exerçaient, chacun dans son arrondissement, une grande influence sur les électeurs sénatoriaux. C'est ainsi que, sous le double courant du scrutin uninominal par arrondissement, d'un côté, de l'action des députés, de l'autre, la composition du sénat a été changée. En 1876, les monarchistes étaient en majorité au Sénat. En 1879, au renouvellement du premier tiers de cette assemblée, les électeurs y ont envoyé un nombre de républicains suffisant pour équilibrer les forces des républicains et des monarchistes. En 1882, au renouvellement du deuxième tiers du Sénat, les élections sénatoriales ont constitué une majorité républicaine incontestable. Enfin, les élections qui eurent lieu en 1885, pour le renouvellement du troisième tiers du Sénat, grossirent tellement le nombre des républicains, qu'ils débordaient sur les bancs que la droite avait occupés. Il est bien évident, que c'est aux effets du scrutin uninominal par arrondissement, que les républicains doivent d'avoir possédé en 1885 une majorité républicaine à la chambre des députés et au sénat.

Le scrutin uninominal par arrondissement a toujours été l'instrument pratique de gouvernement. Tous les gouvernements qui ont duré, qui ont eu une situation stable se sont fondés sur lui. Sous tous ces régimes qui se sont succédés des habitudes électorales ont été prises, les électeurs de chaque arrondissement ont appr... ...onnaître entr'eux, à se

www.ingramcontent.com/pod-product-compliance
Lightning Source LLC
Chambersburg PA
CBHW071426030726
47594CB00006B/2604